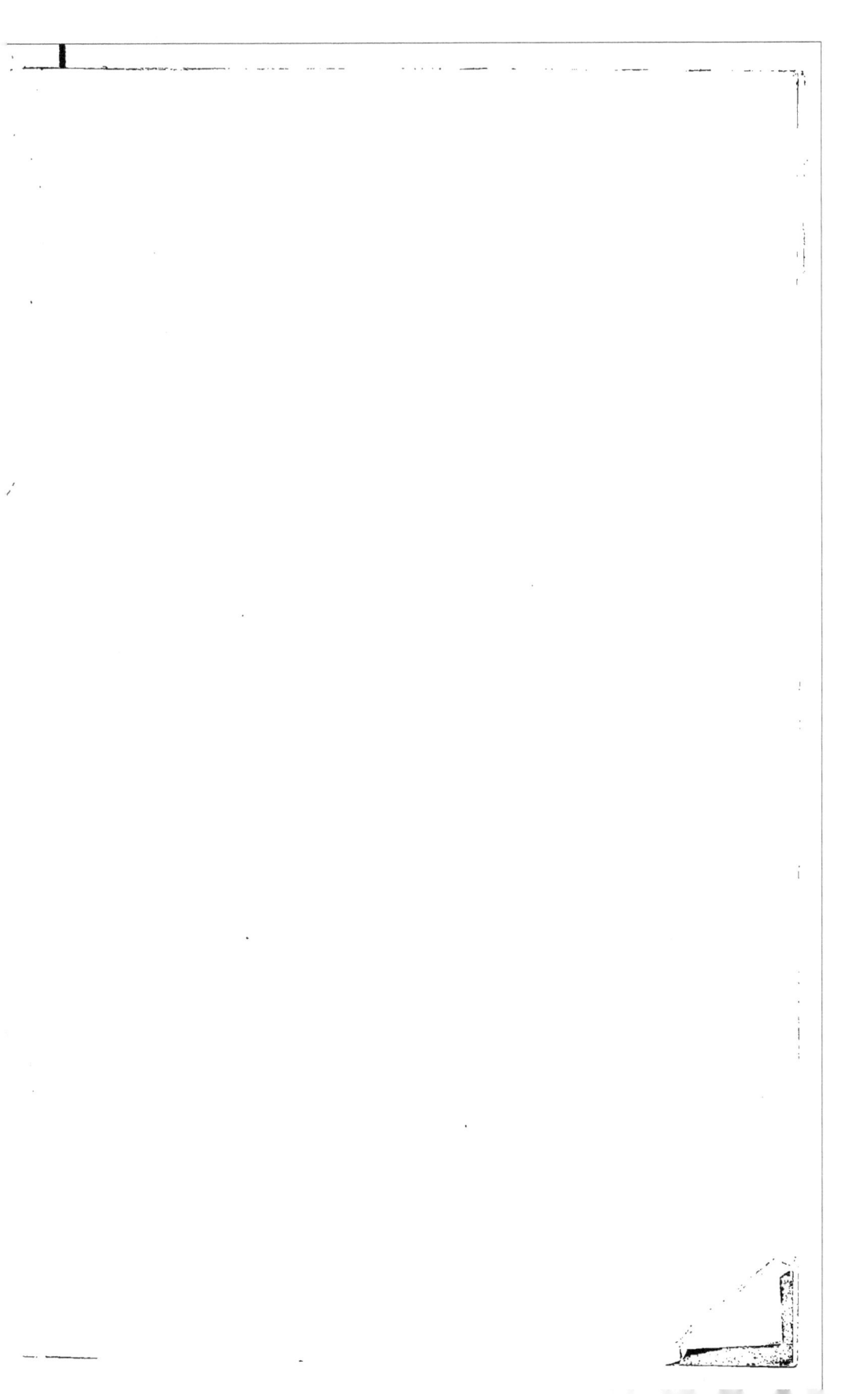

CINQUANTENAIRE DE 1888

PROCÈS-VERBAL

DU SIÈGE

SOUTENU

PAR LES HABITANS DE SELONGEY

EN 1638

DIJON

IMPRIMERIE JACQUOT & FLORET

Rue Amiral-Roussin, 15

CINQUANTENAIRE DE 1888

PROCÈS-VERBAL

DU SIÈGE

SOUTENU

PAR LES HABITANS DE SELONGEY

EN 1638

DIJON

IMPRIMERIE JACQUOT & FLORET

Rue Amiral-Roussin, 15

CINQUANTENAIRE DE 1888

PROCÈS-VERBAL

DU SIÈGE

SOUTENU PAR LES HABITANS DE SELONGEY

EN 1638

CEJOURD'HUI lundi dix-septième du mois de mai mil six cent trente-huit, à cinq heures du matin, en l'Eglise paroissiale du bourg de Selongey, par-devant nous Thomas Clesquin, notaire, et plus ancien praticien exerçant la juridiction du bailliage dudit lieu, en l'absence du sieur Bailly, et ancien juge commis, ont comparu en personnes M. Louis Loyauté, procureur d'office audit Bailliage ; M. Claude Meunot, procureur-syndic ; Claude Gélyot, Nicolas Coustet, échevins dudit Selongey ; lesquels (avec la plus grande partie du reste des habitans dudit lieu qui ont été contraints avec nous de se retirer en ladite Eglise dès jeudi dernier, treizième du présent mois, jour de fête Ascension Notre-Seigneur, au sujet du grand désastre, ravage, pillage et incendie

qui y furent faits ledit jour par les ennemis de l'Etat),
nous ont requis de nous transporter avec François
Richard, greffier audit bailliage, en leur présence, et des
particuliers habitans des lieux circonvoisins dudit Selon-
gey, ci-après nommés, qui sont Hugues Midoynet,
Prudent Roussot et Jean Delamotte, de Lux; M⁰ Claude
Castille, procureur d'office à Villey; Elie Gachot, et
M⁰ Nicolas Baudoin, notaire à Crecey; Bernard Vau-
trot, M. Jean de Tilchatel; Samson Père-et-mère de
Chazeul; André Poullot de Sacquenay: M. Pierre
Joliot, greffier à Boussenois; M. Etienne Euvrard, de
Foncegrive; M. Nicolas Pauffard, d'Occey; Claude
Jallois, d'Is-sur-Tille; Nicolas Martin, de Vernois;
Jean Flamand et Jacques Rollin, d'Orville; M⁰ Nicolas
Housse, notaire; Pierre Argenton, amodiateur de Chazeul, et M. Laurent Perriquet, marchand à Sacquenay;
afin de reconnoître au vrai le nombre des maisons qui
ont été brûlées, la quantité des habitans tués, les blessés
et prisonniers, pour du tout leur donner acte, et ensuite
se pourvoir comme ils trouveront être à faire, attendu
que la désolation dudit Selongey est si grande, que
difficilement la peut-on dépeindre qu'avec regret et la
larme à l'œil, quoique courageusement ils eussent résisté
aux attaques et efforts desdits ennemis, l'espace d'environ quatre heures, aux portes, barrières et quantité
d'avenues qui sont ès environs dudit Bourg, non fermé
et de grande étendue, après avoir été sommé de se
rendre auxdits ennemis par cinq diverses fois; le grand
nombre dont étoit composé leur armée qui étoit plus de
six mille hommes, tant de cavalerie qu'infanterie; ce qui
a été si bien reconnu, que lesdits habitans des lieux
circonvoisins dudit Selongey, ci-dessus nommés, nous ont
affirmé par serment d'eux pris, avec la plus grande partie
des habitans dudit Selongey étant au clocher de ladite

Eglise, avoir vu dix-neuf guidons séparés en dix escadrons qui environnoient et faisoient enceinte dudit lieu ;
où à la fin quelque résistance que lesdits habitans purent
faire aux portes et avenues, ils entrèrent par icelles
avenues sur environ les deux heures après midi, où étant,
coupant chemin aux habitans qui gardoient les portes, en
auroient tué, blessé et pris prisonniers une grande partie,
le reste ayant été contraint de se retirer hâtivement au
dedans de ladite Eglise, avec la compagnie de carabiniers du sieur Devillette, qui étoit en garnison audit
Selongey, depuis environ cinq mois, de laquelle Eglise
lesdits ennemis ayant fait approcher et environner icelle
de toutes parts, se seroient essayés d'en faire prise ; et
pour y parvenir auroient tiré cinq coups de canon tant
contre ladite Eglise que contre un arbre qui est au-
devant d'icelle ; partie des boulets pesant chacun du
moins six livres, ayant été envoyés à monseigneur le
Duc d'Enghien, gouverneur de cette province, pendant
lesquelles attaques (qu'ils continuerent jusqu'à dix heures
du soir) lesdits ennemis firent encore deux sommations
tant à ladite compagnie qu'auxdits habitans, d'où retour-
nant de pour parler, le sieur de la Contrisson, lieutenant
de ladite compagnie, fut par eux tué avec trois habitans
dudit Selongey à l'entrée de ladite Eglise ; ce qui invita
le reste à s'efforcer à se défendre nonobstant lesdites
sommations auxquelles ils ne voulurent jamais entendre,
mais par le contraire continuerent à tirer et tuer jusqu'à
plus de deux cents desdits ennemis, ce qu'étant par eux
reconnu, et qu'ils ne pouvoient venir à chef de leur
dessein, après avoir pillé, ravagé tous les meubles qui
étoient dedans toutes les maisons dudit Selongey, y
auroient mis le feu qui a brûlé et consommé plus de cinq
cents châats de maisons, et emmené la plus grande
partie des chevaux et bétail dudit Selongey, suivant que

nous le reconnoîtrons avec les sus-nommés par la visite qu'ils nous requièrent en être faite ; et à cet effet qu'ayons à nous transporter ensemblement par le lieu et bourg dudit Selongey, à quoi inclinans, nous nous sommes transportés avec ledit Loyauté, procureur d'office, greffier, les syndics et échevins ; partie des habitans dudit Selongey, et les sus-nommés des lieux circonvoisins ; par ledit lieu de Selongey, où étant, premièrement :

En la rue des Champs.

Nous avons reconnu que la maison appartenant à Didier Regnauldot, sise en ladite rue, contenant quatre chapts, a été brûlée.

Quatre chapts appartenant à M. Thibault Bilbaudet, proche sa demeurance.

La maison de Pierre Girardot, contenant quatre chapts.

Trois chapts appartenant à M. Didier Milleton.

Quatre chapts appartenant aux mineurs Jean Regnaudot, où souloit résider Jean Peltier.

Quatre autres chapts appartenant audit sieur Billebaudet.

Trois chapts de maison appartenant audit sieur Billebaudet, où souloit demeurant une nommée Virette.

Deux chapts à Nicolas Gindrey.

Quatre chapts à Humbert Daujon.

Rue des Buttes.

Trois chapts de demeurance et grange appartenant à Didier Constant.

Deux chapts de demeurance et grange appartenant à Pierre Chartron.

Rue Basse.

Trois chapts de demeurance appartenant aux héritiers de dame Françoise Demasque, veuve du sieur Simonnet, où demeuroit Claude Gauthereau.

Six chapts tant de demeurance que de grange appartenant à la mineure de Jean Gauthier.

Trois chapts de demeurance et grange appartenant à Nicolas Billebaudet.

Deux chapts de demeurance appartenant aux mineurs Gilles Charpentier et Jean Gautheret.

Un chapt de demeurance appartenant audit Mᵉ Didier Milleton.

Deux chapts de demeurance appartenant à Nicolas Boisselier.

Deux chapts à Antoine Flamand.

Un chapt à Jean Castille.

Trois chapts de maison à Mammès Peltier.

Deux chapts de demeurance à Rouard Gorgeot.

Cinq chapts de demeurance et grange aux héritiers Gaulmin.

Deux chapts de demeurance et grange à Nicolas Roussel.

Deux chapts de maison à François Boisselier.

Trois chapts de maison à la veuve Jean Gautheret.

Trois chapts de demeurance à la veuve Jacques Bonjour.

Quatre chapts de grange à la veuve Nicolas Boisselier.

Deux chapts de grange à Philibert Follot.

Trois chapts de grange à Nicolas Daujon.

Cinq chapts de demeurance et grange à Thibault Laurent.

Quatre chapts de demeurance et grange à Thibault Popelard.

Trois chapts de maison à Nicolas Laramisse.

Quatre chapts de demeurance aux hoirs de Margueritte Petit.

Deux chapts de demeurance à Thibault Laurent.

Trois chapts de grange audit Laurent.

Deux chapts de demeurance aux héritiers Claude Perdriset.

Deux chapts de demeurance aux héritiers Didier Caumault.

Quatre chapts de demeurance à Nicolas Gauthier.

Trois chapts de demeurance à Jean Daujon le puîné.

Trois chapts de demeurance et grange aux héritiers Prudent Morel.

Deux chapts de demeurance et grange dépendant de l'hoirie Vincent Regnaudot, où demeuroit la veuve Richard Daujon.

Deux chapts de demeurance aux héritiers Jacques Fedrot.

Trois chapts de demeurance et grange aux héritiers Jean Bugnot.

Deux chapts de demeurance à François Bergien.

Deux chapts de demeurance où résidoit feu Sulpice Martenot.

Six chapts de demeurance et grange à Nicolas Barbier.

Rue du Rang-Pastourel.

Un chapt de grange à Nicolas Bruet.

Un chapt de demeurance à Claude Thomas.

Trois chapts de maison aux héritiers Michel Déprey.

Quatre chapts de maison où résidoit Remi Paillotte.

Un chapt de demeurance à Claude Chapusot.

Trois chapts de maison à Barthelemy Roussel.

Trois chapts de maison où résidoit Jean Flammand.

Trois chapts de maison aux héritiers Chrétien Billebaudet.

Quatre chapts de maison à Chrétien Babey.

Trois chapts de maison à Claude Morlot.

Trois chapts de maison à Nicolas Méot.

Quatre chapts de maison à Noël Coustet.

Un chapt à la veuve Pierre Morot.

Six chapts aux héritiers Mammès Rouget.

Deux chapts à Henry Maitrejean.

Trois chapts à Claude Robinot et Nicolas Maitrejean.

Un chapt de demeurance à Antoine Maitrejean.

Trois chapts de la maison seigneurialle dudit Selongey, où souloit résider Claude Millot, qui par serment pris de lui a affirmé y avoir environ quarante émines de grains appartenant à Monseigneur de ce lieu, et cinq appartenant tant à lui que aucuns particuliers y étant retiré.

Trois chapts à la veuve Guillaume Bruet.

Trois chapts à Edme Bouchard.

Un chapt aux héritiers Henry Maitrejean.

Trois chapts à Jean Roce.

Deux chapts à François Morel.

Deux chapts à Nicolas Rouget, le vieil.

Neuf chapts et demi à M. Delagrange, où demeuroit Benigne Petitot.

Six chapts appartenant à M. François Castille.

Trois chapts et demi aux héritiers Jacques Fernet, où demeuroit Benigne Bonjour.

Deux chapts à Jeanne Lefebvre, où souloit résider Antoine Huguonot et son gendre.

Quatre chapts de maison à nous Thomas Clesquin, qui a pareillement affirmé que toutes ses minutes ont été brûlées.

Dix-neuf chapts de maison où souloit demeurer M. Louis Demartinécourt.

Deux chapts à Claude Sordillard.

Un chapt à Nicolas Roynet.

Quatre chapts à Claude Chevalier.

Deux chapts à Claude Daujon.

Deux chapts à la veuve Nicolas Humbelot.

Trois chapts à Didier Chaudron, sieur de la Plume.

Deux chapts et demi à Vorles Dubois.

Un chapt et demi à Toussaint Jacosset.

Trois chapts à Jean Fressan.

Trois chapts et demi à Charles Mathieu.

Quatre chapts à Nicolas Gélyot.

Deux chapts aux héritiers Humbert Sarran.

Un chapt et demi à Claude Gélyot.

Cinq chapts de demeurance aux héritiers Thibault Fernet.

Un chapt à Remi Vaussemain.

La maison dudit Loyauté pillée, la plus grande partie de ses papiers égarés et épanchés suivant qu'il nous a apparu dans son étude ; quantité de grains qui ont été distraits de sa maison, jusqu'au nombre de dix émines, suivant qu'il l'a affirmé et qu'il nous a été attesté par Bonnaventure Lombard et M. Verney, proches voisins, en ayant pris en ses greniers le jour précédant ladite incendie.

Trois chapts aux héritiers Claude Potey.

Trois chapts aux héritiers Gaspard Barbier.

Deux chapts à la veuve Jean Geoffroy.

Un chapt à la veuve Me Jean Frerejacques.

Trois chapts à Claude Chapuis.

Un chapt à Simon Blanche.

Deux chapts où souloit résider Denis Geoffroy.

Trois chapts à Quantin Bruet.

Quatre chapts et demi à Pierre Charpentier.

Deux chapts à Bonnaventure Foret.

Deux chapts à Pierre Cardinal, le jeune.

Deux chapts et demi à la veuve Godard.

Deux chapts aux héritiers Nicolas Picardet.

Trois chapts à la veuve Jean Charles.

Deux chapts de maison à Henry Jarrot.

Quatre chapts où demeuroit la veuve Didier Bruet.

Quatre chapts à Michel Rouget.

Un chapt dépendant de l'hoirie de François Masson.

Trois chapts appartenant à Pâques de Rôse.

Deux chapts aux héritiers Nicolas Mallesol.

Trois chapts de maison à Didier Chambellan.

Un chapt de maison à Toussaint Jactosset, dans laquelle il a été brulé.

Deux chapts de maison appartenant à Mᵉ Jean Guillet, notaire, ci-présent, qui a affirmé que les minutes de défunt Mᵉ Claude Guillet, son père, avec plusieurs sacs de procédures de divers particuliers habitans dudit Selongey, ont été brûlés.

Trois chapts de demeurance et grange à M. Antoine Rouget.

Trois chapts et demi à Mᵉ Jean Mallesol.

Deux chapts de grange à la veuve Claude Darmois.

Rue dessus les halles.

Deux chapts appartenant à Claude Raveret.

Deux chapts et demi à Didier Chambellan.

Cinq chapts de demeurance et grange à Pierre Richard.

Deux chapts à François Pelletier.

Deux chapts à Jean Bonin.

Deux chapts à Antoine Châtouret.

Trois chapts de maison dépendant de l'hoirie de M. Didier Demartinécourt, où demeuroit Alexandre Jovain et le soussigné Greffier qui a affirmé que toutes ses minutes, papier de production, concernant plusieurs particuliers, ont été brûlés, à la réserve des carnots.

Deux chapts de maison à Claude Raveret.

Un chapt de grange à la veuve M. Jean Billebaudet.

Un chapt de maison à Jean Gautheret.

Deux chapts de maison à M. Claude Rouget, Chanoine à Grancey.

Quatre chapts de maison aux héritiers M. Antoine Mortallot.

Un chapt de maison où souloit résider Pierre Villemot.

Un chapt à Claude Morancourt.

Quatre chapts de maison aux héritiers Jacques Morel, où résidoit le sieur Desloges.

Un chapt à la veuve M. Laurent de Gouvenain.

Un chapt et demi appartenant à Jean Ormancey.

Cinq chapts de demeurance et grange à M. Pierre Berthellemy.

Un chapt à Remy Boyer.

Un chapt à la veuve Claude Regnaudot.

Cinq chapts de demeurance et grange à la même.

Trois chapts de maison aux héritiers Jacob Redoutet.

Quatre chapts à la veuve Mᵉ Jean Frèrejacques.

Un chapt et demi à Vincent Martin.

Un chapt et demi aux héritiers Jacques Bouvot.

Un chapt à Abraham Floriet

Deux chapts à Jean Daujon le vieil.

Deux chapts à Jean Daujon le jeune.

Trois chapts et demi aux héritiers Nicolas Fernet.

Deux chapts à Guillaume Chambellan.

Un chapt à madame Billebaudet.

Trois chapts à Jacques Cardinal.

Deux chapts à M. Billebaudet.

Trois chapts à Thibault Sentier.

Trois chapts à Jean Hugon.

Trois chapts à Berthier Blanche.

Deux chapts aux héritiers Prudent Morel.

Trois chapts ès héritiers Pierre Faret et Laurent Gosset.

Deux chapts à Jacob Méhot.

Deux chapts à M. Didier Simonnet, où demeuroit la
veuve Claude Coustet.

Deux chapts à Emiland Coustet.

Deux chapts à Michel Chevolot.

Un chapt à Pierre Sondant.

Un chapt à Prudent Coustet.

Deux chapts à Jean de Bellegrand.

Un chapt à Berthier Blanche.

Un chapt à Thibault Blanche.

Un chapt à Prudent Barard.

Quatre chapts et demi à Antoine Chatouret.

Deux chapts aux héritiers François Laurent.

Trois chapts à Joachim Boisselier.

Deux chapts à Claude Poinssin.

Trois chapts à Nicolas Barotte.

Sept chapts aux héritiers de Thibault Blanche.

Cinq chapts à Etienne Bourgeois.

Un chapt à Claude Potey le jeune.

Trois chapts à M. Jean Simonnet.

Un chapt à Nicolas Huguenin.

Un chapt à M. Didier Milleton.

Un chapt aux héritiers Nicolas Chevolot.

Un chapt de demeurance où résidoit la veuve de M. Jean
Clesquin.

Quatre chapts et demi appartenant à Thibault Segret, dit
du Testre.

Trois chapts et demi aux héritiers Antoinette Viochot.

Un chapt du moulin sur le pont.

Deux chapts et demi à Jean Fressan.

Trois chapts et demi à M. Jean Simonnet.

Toutes les susdites maisons ayant été comme dit est,
brûlées, le surplus entièrement pillé et ravagé par lesdits
ennemis de l'État; ledit jour 13 dudit mois, suivant que
nous l'avons reconnu avec les susnommés et particulière-
ment les habitans des lieux circonvoisins dudit Selongey,
qui tous ensemblement et d'une même voix, ont affirmé
tout le contenu au présent procès-verbal, même l'exposé au
préambule d'icelui être véritable, tant pour le bien savoir,
que par les effets qu'ils en ont vus; ayant aussi unanime-
ment affirmé qu'ils sont certains que le récit qui leur en
a été fait par diverses personnes, de même qu'ils ont vu
une partie des ci-après nommés qui furent tués lors des
attaques tant à la défense des portes, barricades qu'avenues, qui sont : Claude Monniot, Guillaume Babey,
Claude Coustet, Emilland Coustet, Nicolas Mouillebouche, sa femme et ses deux filles; Denis Vastre, Béni-
gne Rouget, Ancelme Verneret, Pierre Guidoisenet,
Nicolas Camus, Humbert Follot, Nicolas Talbaucher,
Vincent Ferut, Didier Coustet, Pierre Euvrard, Pierre
Cardinal le jeune, Vincent Cardinal, Jacques Fernet,
Guillaume Chambellan, Edme Hugon, Prudent Morel
et sa femme, Nicolas Charles, Jacques Cardinal, Jean
Monnot, Nicolas Jeannel, Thibault Blanche, Edme
Verullotte, Thomas Blanche, Thomas Gélyot, Pierre
Bichenet, la femme Thibault Blanche et son fils, Fran-
çois Moussu, Nicolas Morel, Pierre Baudoin, Hugues
Barard, Didière Clerc, Thibaut Coustet, Pierre Boisse-
lier, Nicolas Rouget et sa femme, Jacob Cheneveuillet,
Lambert Pétiot, Guillaume Redoutet, Benigne Petitot,
la femme de Jean Babey le vieil, la mère de la veuve
M. Jean Clesquin, Pierre Villemot, tambour, Toussaint
Jacosset, Pierre Chapuis, Claude Poinssin, Jean Cha-
touret le jeune.

De plus nous avons reconnu avec les sus-nommés

que les ci-après furent tellement blessés par lesdits ennemis, lors desdites attaques, que la plus grande partie
courent risque de leur vie.

BLESSÉS.

Premièrement, Nicolas Chevolot et son fils, Guillaume
Bourgeois, la femme de Denis Vastre, Claudine Febvre,
la veuve Emilland Febvre, la veuve Nicolas Roussel,
Margueritte Languard, la veuve Remy Jeannel, Pierre
Cardinal le vieil, le serviteur Jean Pelletier, Nicolas
Barard, Jean Babey le vieil, Nicolas Perret, la veuve
Pierre Boisselier.

Et encore nous a été affirmé par les sus-nommés, que
les ci-après furent pris et emmenés prisonniers, par lesdits ennemis, le susdit jour treize du courant, où ils sont
encore détenus et cotisés à de grandes rançons; la plus
grande partie n'ayant le moyen de les payer, suivant
que l'avons reconnu, par les excessives impositions auxquelles ils ont été cotisés par les Gouverneurs et Capi-
taines commandans, tant à Grey, Champlitte qu'Autrey.

PRISONNIERS.

Quantin Bruet, sa femme et son fils; Pierre Rouget,
sa femme et son fils; Pierre Mouillebouche et sa sœur,
Claude Jacquinot, Claude Morot, Nicolas Ferut, Mon-
gin-Euvrard, Nicolas Clerc, Michel Raffiot, Laurent
Febvre, Jean Hugon, Jean Philibert, Berthier Blanche,
Bonnaventure Lorel, Nicolas Bille, Michel Chevolot,
Anne Cheneveuillet, Thibault Segret, dit du Tertre, sa
femme et sa fille; François Marchand et sa femme, la
veuve maître Jean Clesquin, Jean Clerc, M. Antoine
Branquier, Odin Huguenin, la fille Laurent Bidouaire, la

femme Guyot-Jobelin, Nicolas Guydoisenet, Oudin Deschamps, Claude Segret, la veuve Nicolas Morel, Pierre Villemin, Antoine Châtouret, Hubert Clerc, François Bidault, Gilles Revendy.

La plus grande partie des habitans dudit Selongey, restante, ayant été dénués de tout et privés de tous biens et contraints de quitter l'habitation dudit lieu et aller mendier leur vie, de sorte que ledit lieu de Selongey est tellement déplorable et désolé que difficilement le peut-on dépeindre qu'avec pleurs et gémissement, vu même les grandes dettes où la communauté est obligée, qui reviennent à plus de cinquante mille livres, suivant qu'il étoit déjà attesté par un premier procès-verbal qui fut dressé sur environ un an, pour le faire voir à Sa Majesté, afin d'implorer sa clémence à les soulager et avoir égard à leur pauvreté, outre que du depuis ils ont supporté plusieurs courses des gens de guerre, tant de l'un que de l'autre des partis, même les logemens et garnisons de trois compagnies du régiment du sieur de Rébé, de la compagnie de carabiniers du sieur Devillette, pendant l'espace d'environ cinq mois, et le logement entier dudit régiment du sieur de Rébé, si bien que ledit lieu de Selongey est réduit à une telle extrémité que bonnement le peut-on exprimer, en sorte que le peu de reste des pauvres habitans dudit lieu, sont contraints avec regret de recourir à Sadite Majesté, à nos Seigneurs de son Conseil et à Messieurs les Élus de ce pays, pour les supplier très humblement d'avoir commisération de leur grande désolation. Tout le contenu au présent Procès-verbal ayant été d'abondant affirmé véritable par les susnommés; ce que nous attestons avoir fait le plus équitablement et au plus près de notre conscience; en témoin de quoi nous avons signé l'état et fait signer audit Loyauté, procureur d'office, procureur syndic, habitans

et témoins sachant signer. La minute est signée : Cles-
quin, Loyauté, Mennot, Gélyot, Geoffroy, Coustet,
Cornot, Michel, Chauderon, Simonnet, Euvrard, Claude
Jollois, Castille, Sentier, Jacques Daujon, Jomarien,
Dugier, Verney, Lombard, Pauffard, Midoynet, Housse,
Argenton, Maire, Flammand, Perriquet, Rollin et
Roussin.

L'extrait de ce procès-verbal, signé *Clesquin, Loyauté*,
procureur d'office, et *Richard.*

Collationné à l'original déposé aux archives de Selongey, département de la Côte-d'Or, ci-devant Bourgogne,
cejourd'hui premier avril mil huit cent dix-huit, par nous
maire et adjoint dudit bourg, assistés du secrétaire de la
mairie.

Signé : J.-L. DEMARTINÉCOURT, maire, CHAUCHOT,
adjoint, et MOREAU, secrétaire.

HYMNE

sur l'événement qui a donné lieu à la cinquantenaire
de Selongey.

DES lieux où la victoire,
　Sur un char tout sanglant,
Proclama notre gloire
Et punit un tyran,
Nous dirons d'âge en âge
A nos fils, nos neveux,
Les exploits, le courage ⎞ *bis.*
De nos braves aïeux. ⎠

Selongey considère
Au pied de ses coteaux
L'appareil de la guerre,
Instrument de ses maux :
La grêle est moins horrible
A nos sillons fleuris,
Que la marche terrible
De six mille ennemis. (1)

Déjà leur canon tonne
Et vomit le trépas :
La mort nous environne,
Menace et n'effraie pas : (2)
Nos bataillons d'élite
Redoublent de vigueur,
Et protègent la fuite
Au temple du Seigneur. (3)

Galas fond dans sa rage (4)
Sur nos foyers déserts,
Ordonne le pillage,
Motif de ses pervers :
En cent lieux l'incendie (5)
S'allume sous leurs mains,
Tandis que leur furie
S'éteignoit dans nos vins. (6)

A travers les ruines,
Pressées avec fureur,
De chastes Héroïnes
Ont sauvé leur honneur ;
Éperdues, tremblantes,
Pour fuir de vils soldats,
Dans des eaux croupissantes
Ont cherché le trépas. (7)

Cependant on arrête,
Sous les parvis sacrés, (8)
Leur coupable conquête
En ces lieux désolés :
Rien ne sauroit contraindre
Notre milice à fuir :
Tout lui dit qu'il faut vaincre,
Ou bien qu'il faut mourir.

Alors de la souffrance
On repousse le soin,
Les seuls cris de vengeance
Se font entendre au loin :
Tous s'arment, tous secondent
Nos braves défenseurs,
Et dans l'instant tous fondent
Sur leurs vils oppresseurs. (9)

Ainsi que la fumée
Dans l'air s'évanouit,
De même cette armée
A notre aspect s'enfuit. . . .
Ciel! c'est un nouveau gage
De ton amour pour nous;
Mais quel nouvel hommage
Pouvons-nous t'offrir tous?

Qu'en actions de grâces,
Chaque fois cinquante ans, (10)
Au temple et sur les places,
Jusqu'à la fin des temps,
Selongey se rappelle
Nos malheurs, nos succès,
Et que Dieu renouvelle
Envers nous ses bienfaits.

Heureux dépositaires
Du vœu de nos aïeux,
L'encens de nos prières
Montera vers les cieux :
Car, Seigneur, c'est ta gloire
Qu'expriment tes enfans,
En chantant la victoire
Des bons sur les méchans.

Par M. GALLIX. ex-vicaire de Selongey.

NOTES DE L'HYMNE PRÉCÉDENTE

(1) Selongey fut attaqué par un corps de 6000 hommes.

(2) Un boulet se voyoit encore, il n'y a pas un demi-siècle, dans un orme qui couvroit toute la place devant l'Église.

(3) Les habitans avoient transporté à l'Église ce qu'ils avoient de plus précieux.

(4) Galas, général des Allemands.

(5) Les ennemis, au milieu du pillage, burent avec excès dans les caves et celliers ; la mort de plusieurs en fut la suite.

(6) Cinq cent quatre chapts de maison furent brûlés.

(7) Trois filles Miel, ayant différé de se retirer à l'Église, furent attaquées par les soldats ; elles se défendirent courageusement chacune avec un tison ; mais contraintes de céder au nombre, et couvertes de blessures, elles firent retraite jusqu'aux routoirs situés au nord-ouest de Selongey, où elles se précipitèrent, aimant mieux perdre la vie que l'honneur.

(8) On avoit défendu l'Église avec des cuves remplies de pierres ; c'est le seul endroit que les Allemands ne purent forcer.

(9) Ils se retirèrent après avoir perdu 200 hommes.

(10) Les habitans firent vœu qu'en actions de grâces de leur délivrance, il y auroit tous les cinquante ans une Fête très solennelle à Selongey.

Nota. Le proverbe si connu d'*enfiler la Venelle* ne vient pas, comme quelques-uns le croient, de la retraite à laquelle fut forcée l'armée de Galas en 1638 ; il remonte à une époque beaucoup plus reculée, que voici :

Du temps des Écorcheurs, et durant les guerres de Louis XI avec Charles-le-Téméraire, un corps ennemi vint assiéger Selongey. Les habitans, soutenus d'une garnison, firent une sortie sur les assiégeans qui furent mis en déroute. Pour faire retraite, il falloit passer la Venelle, dont les bords en cet endroit étoient élevés : il ne s'offroit qu'un défilé fort étroit, par où se sauvèrent ceux des ennemis qui ne voulurent pas sauter dans l'eau ; c'est ce qui donna lieu de dire : ils se sont échappés, ils ont *enfilé la Venelle.*

Et depuis on a dit d'un poltron qu'il ne savait qu'enfiler la Venelle ; et se sauver, enfiler la Venelle, sont devenus synonymes. Tel est le sens dans lequel s'en est servi Lafontaine dans sa fable du *Loup et du Renard,* qui alloient rendre une première visite au Cheval :

« Ils vont, et le cheval qu'à l'herbe on avait mis,
« Assez peu curieux de semblables amis,
« Fut presque sur le point d'*enfiler la Venelle,*

STROPHES

CÉLÉBRONS tous ce grand jour que nos pères
   Ont consacré, par un vœu solennel,
Au souvenir des affreuses misères
Dont les sauva le bras de l'Eternel.

De fiers Germains une horde effrénée
Osa du Rhin franchir le vaste bord,
Et, dans le sein de la France éplorée,
Porter le feu, le ravage et la mort.

Dans ces vallons éloignés de l'orage,
On se croyoit à l'abri des dangers :
Mais le soldat, avide de pillage,
Vint désoler nos paisibles foyers.

Le treize mai, chacun en sa demeure
Ouvroit son âme à la dévotion ;
L'airain sacré sonnoit la dixième heure,
Et l'on alloit fêter l'Ascension.

Soudain des cris excitent mille alarmes,
Cent escadrons fondent sur nos aïeux !
Déjà le bruit des chevaux et des armes
A retenti dans leurs murs malheureux.

Deux cents guerriers, à la solde de France,
De Selongey formoient la garnison ;
L'honneur les guide, et, remplis d'espérance,
Les habitans suivent l'impulsion.

Chacun partage une noble défense;
O vain espoir! inutiles efforts!
Tout cède, on tombe, et l'ennemi s'avance
Sur des monceaux de mourans et de morts.

Comme un torrent dont la digue impuissante
Vient d'augmenter la force et la fureur,
Des assaillans la masse mugissante
Porte partout l'épouvante et l'horreur.

Le bronze tonne, et la foule éperdue
Désespérant de tous secours humains,
Ne trouvant plus à sa fuite d'issue,
Tend vers le Ciel ses suppliantes mains!

O jour affreux pour la pieuse mère
Qui, de sa fille accusant les appas,
Faisoit au Ciel cette prière amère:
Dieu! que la mort la dérobe aux soldats!

Dans votre temple où les vierges se pressent,
Dieu tout-puissant qui teniez nos destins!
Les assiégés à la hâte s'empressent
D'organiser leurs postes incertains.

Galas arrive, et la voûte sacrée
Roule en grondant l'écho de son canon;
Mais par le roc la fonte repoussée
Frappe à ses yeux son plus cher compagnon.

Par les vitraux de la sainte Bastille
Deux cents mousquets à l'instant sont pointés;
Sur les Germains aussitôt l'éclair brille,
Deux cents des leurs hors du rang sont jetés.

Déconcertés dans leur projet cupide,
Et transportés d'un dépit furieux,
L'esprit du mal en leur conseil préside
Et leur inspire un coup plus désastreux.

En un moment, mille torches ardentes
Sèment partout le fléau destructeur;
Des tourbillons de flammes dévorantes
Sortent des flancs d'une noire vapeur.

Tout se confond dans un désordre extrême;
Le bruit du feu, le fracas, la clameur,
Les durs accents du Germain qui blasphême,
La voix plaintive et les cris de douleur.

O sort cruel! mille voix gémissantes
En vain du Ciel implorent le secours;
Sous des monceaux de ruines fumantes
Cinq cents foyers sont détruits pour toujours.

Tandis qu'enfin la nuit et la fumée
D'un double voile enveloppent le bourg,
La garnison par la flamme guidée
Sur l'ennemi tombe par un détour.

C'en étoit fait du reste de nos pères,
Si les Germains, miraculeuse erreur!
N'eussent cru voir des forces étrangères
Fondre sur eux en nombre supérieur.

Dieu tout-puissant, votre main bienfaisante,
De ces méchans arrête les complots!
Vous le voulez, et frappés d'épouvante
La fuite entraîne et disperse leurs flots.

Des maux du temps quand nous osons nous plaindre,
Faites, Seigneur, qu'au pied de vos autels
Nous apprenions qu'il n'est qu'un mal à craindre :
C'est d'encourir les tourmens éternels.

Par M. Germain CHAUCHOT, décédé Curé de Selongey le
27 septembre 1814.

IMP. JACQUOT ET FLORET.

www.ingramcontent.com/pod-product-compliance
Lightning Source LLC
Chambersburg PA
CBHW060807280326
41934CB00010B/2589